L'Ecrivain du sud

L'Ecrivain du sud

Jean-Pierre Garaic

Toulon

France

Autre Titre bilingue

- Les carnets bilingues « Croire en l'Amour »

Autres titres du même auteur

- Les carnets du poète « Bienvenue chez moi »
- Les carnets du poète « Champagne »
- Les carnets du poète « Cour et raison »
- Les carnets du poète « Donne-moi la main »
- Les carnets du poète « Que perçois-tu ? »
- Les carnets du poète illustrés

L'Ecrivain du sud

Les carnets bilingues

Français - Espagnol

Mon Amour,

avec toi et sans toi

Jean Pierre Garaic

L'Ecrivain du sud

Le Code de la propriété intellectuelle interdit les copies ou reproductions destinées à une utilisation collective.
Toute représentation ou reproduction intégrale ou partielle faite par quelque procédé que ce soit, sans le consentement de l'auteur ou de ses ayants cause, est illicite et constitue une contrefaçon, aux termes des articles L.335-2 et suivants.

Textes, titres, dessins, photos, illustrations.

Couverture. Mise en page, maquette.

© Jean-Pierre Garaic

Tous droits réservés

Toulon

Imprimerie Lulu Press, Inc.

3101, Hillsborough Street

Raleigh, NC 27607

United States

Garaic Editions

Maître Façonnier

83100 Toulon

France

Dépôt légal BNF Novembree 2017

IEAN   9791090647466
ISBN   979-10-90647-46-6

L'Ecrivain du sud

Les carnets bilingues

Français - Espagnol

Mon Amour,

avec toi et sans toi

Jean Pierre Garaic

Jean Pierre Garaic

Auteur

L'écriture, le dessin, la peinture, le théâtre, l'univers et le langage imagé sous forme de poésie, sont quelques-unes des passions nourricières qu'il a longuement pratiqué au cours de sa vie et dont il a gardé de nombreux souvenirs authentiques, aimants, parfois difficiles, qu'il a écrit avec amour et respect.

Un homme toujours en quête du moment d'inspiration humaine et parfois divine qui se trouve à l'intérieur de nous-mêmes, toujours en quête de nouvelles connaissances, toujours en quête de sa propre vérité.

Un hymne à l'Amour

et ses contre-jours.

Un hymne à la Femme

et ses calembours.

Un hymne à la terre mère,

toute entière.

Jean-Pierre.

SOMMAIRE

Mon Amour

Avec toi et sans toi

Mi Amor

Contigo y sin ti

Avec toi

Mon cœur

sait qu'il bat

((((((♥))))))

Contigo

Mi corazón sabe

que bate

((((((♥))))))

Et sans toi

Mon cœur se débat.

Y sin ti

mi corazón se parte.

Avec toi

Je te regarde

et je me vois.

Contigo

me miro y me veo.

Sans toi

Je me regarde

et je ne me vois pas.

Sin ti

Me miro y no me veo.

Avec toi

Le désir me reprend.

Contigo

De nuevo tengo deseo.

Sans toi

Ce n'est qu'un fantasme,

envahissant.

Sin ti

Solo es un fantasma, invasivo.

Avec toi

Je vis tout au présent.

Contigo

Todo lo vivo al presente.

Sans toi

Le présent est absent.

Sin ti

El presente está ausente.

Avec toi

J'ai des frissons au dedans.

Contigo

Tengo escalofríos, adentro.

Sans toi

Je ne suis qu'un manchot,

en noir et blanc.

Sin ti

Solo soy un manco,

de negro y de blanco.

Avec toi

Je veux faire l'amour

tout le temps.

Contigo

Quiero hacer el amor todo el tiempo.

Sans toi

Je me dissous aux quatre vents.

Sin ti

Me disuelvo por los cuatros vientos.

Avec toi

Je voyage

dans tes yeux d'enfant.

Contigo

Viajo en tus ojos de niña.

Sans toi

Je ne vois plus

sur

GRAND ECRAN

Sin ti

Ya no me veo

por toda la pantalla.

Avec toi

Je respire,

j'aime,

j'écris.

Contigo

Respiro,

amo,

escribo.

Sans toi

J'étouffe,

je pleure,

je crie.

Sin ti

Me ahogo,

lloro,

grito.

Avec toi

À nouveau j'ai envie.

Contigo

De nuevo tengo ganas.

Sans toi

Mes rouleaux s'ennuient.

Sin ti

Mis rollos se aburren

Avec toi

Je crois,

je grandis.

Contigo

Creo,

cresco.

Sans toi

,,,,,

Je prie aussi.

Sin ti

,,,,,,

También rezo.

Avec toi

Je trouve la clé.

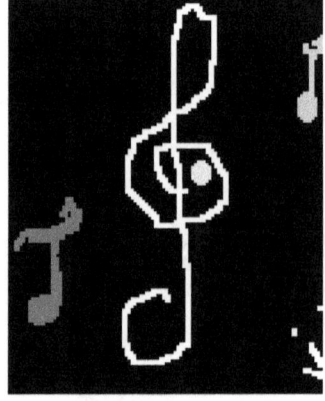

Contigo

Encuentro la llave.

Sans toi

Je reste sur le palier.

Sin ti

Me quedo en el pasillo.

Avec toi

Je peux me laisser aller.

Contigo

Me puedo estar a gusto.

Sans toi

Je ne peux plus me retourner.

Sin ti

No me puedo dar la vuelta.

Avec toi

J'ai de jolies pensées.

Contigo

Tengo bonitos pensamientos.

Sans toi

Je ne fais que me panser.

Sin ti

Solo me estoy curando.

Avec toi

Je dévore ta Beauté.

Contigo

Devoro tu belleza.

Sans toi

Je la dépose sur mes cahiers.

Sin ti

La echo sobre mis cuadernos.

Avec toi

J'ai des courbes plein les yeux.

Contigo

Tengo curvas en los ojos.

Sans toi

Il ne me reste que des traits.

Sin ti

Solo me quedan rayas.

Avec toi

J'ai quelques boites à secrets.

Contigo

Tengo unas cajas de secretos.

Sans toi

Je ne suis qu'un coffre abandonné.

Sin ti

Soy solo un cofre abandonado.

Avec toi

Je me sens entier.

Contigo

Me siento entero.

Sans toi

Je reste racine carrée.

Sin ti

Raíz cuadrada me quedo.

Avec toi

Je me dédouble en multiplicité.

Contigo

Me desdoblo en multiplicidad.

Sans toi

Je me divise,

je me découpe, suivant les pointillés.

Sin ti

Me diviso,

Me parto siguiendo los puntitos

Avec toi

Je touche la liberté.

Contigo

Alcanzo la libertad.

Sans toi

Ce n'est qu'une statue

qui reste figée.

Sin ti

Solo es una estatua que fijada esta.

Avec toi

J'ai appris Aimer.

Contigo

He aprendido Amar.

Sans toi

Je continue de l'appliquer.

Sin ti

Continúo aplicándolo.

Avec toi

Je suis beau

je suis bien

je suis né.

Contigo

Soy guapo

Estoy bien

he nacido.

Sans toi

Je me sens moins beau,
je me sens moins bien,
j'ai le nez bouché.

Sin ti

Me siento menos guapo
me siento menos bien
tengo las narices tapadas.

Avec toi

J'ai de l'entrain.

Contigo

Tengo marcha.

Sans toi

Je suis dans la mine

avec mon wagonnet.

Sin ti

Estoy en la mina

con mi vagoncito.

Avec toi

C'est paroles,

musique

et refrain.

Contigo

Son palabras,

música

y refrán.

Sans toi

Je m'affole,

je me fume,

je me teins.

Sin ti

Me asusto

me fumo

me tinto.

Avec toi

Je m'envole,

et je vois plus loin.

Contigo

Vuelo

y veo más lejos.

Sans toi

C'est la tôle

et des barreaux entre les mains.

Sin ti

Es la prisión

y barrotes entre las manos

Avec toi

C'était hier,

je me souviens.

Contigo

Fue ayer,

recuerdo yo.

Sans toi

Je me demande qui verrai-je

demain ?

Sin ti

¿ Me pregunto quién veré mañana ?

Avec toi

J'ai tracé un vrai chemin.

Contigo

He escrito un real camino.

Sans toi

Je continue de l'effleurer

de mes mains.

Sin ti

Continuo de acariciarle de mis manos.

Avec toi

J'ai aimé me réveiller le matin.

Contigo

Me gusto despertarme por las mañanas.

Sans toi

Le matin n'est que chagrin.

Sin ti

Las mañanas son pena.

Avec toi

(

)

(

Je le sens

il y a un lien.

Contigo

Lo siento

hay un ligo.

Sans toi

Je ne ressens plus rien.

Sin ti

No siento nada más.

Avec toi

J'entendais parler nos mains.

Contigo

Oía hablar nuestras manos.

Sans toi

Elles ne me racontent plus rien.

Sin ti

Ya no me cuentan nada.

Avec toi

Je pensais vivre tous les « demain ».

Contigo

Pensaba vivir todas las "mañanas".

Sans toi

L'aujourd'hui n'est qu'un pâle refrain.

Sin ti

El hoy es solo un pálido estribillo.

Avec toi

J'avais un rêve, sans fin.

Contigo

Tenía un sueño, sin final.

Sans toi

J'ai toujours peur de ce rêve lointain.

Sin ti

Tengo siempre miedo de ese sueno lejano

Avec toi

C'était pour toujours,

parce que je t'aimais.

Contigo

Era para siempre

porque yo te quería

Sans toi

Toujours me paraît court,

ce n'est qu'un triste anathème.

Sin ti

Siempre me parece corto,

solo es un triste anatema.

Avec toi

Je vibre encore quand tu me tournes autour.

Contigo

Vibro todavía cuando te acercas de mí.

Sans toi

Je n'ai plus de cordes,
je n'ai plus de tambours.

Sin ti

Ya no tengo cuerdas

ya no tengo tambor.

Avec toi

J'aime faire des calembours.

Contigo

Me gusta hacer piropos.

Sans toi

Ils me jouent de drôles de tours.

Sin ti

Son extrañas bromas.

Avec toi

Je peux marcher debout.

Contigo

Puedo andar de pie.

Sans toi

Je suis à genoux.

Sin ti

Estoy de rodillas.

Avec toi

Je nous reconnais

« nous ».

Contigo

Nos reconozco «nosotros».

Sans toi

Je l'avoue,

ma vision reste floue.

Sin ti

Lo confeso,

mi visión queda nublada.

Avec toi

J'ai des anges dans le cou.

Contigo

Tengo ángeles en el cuello.

Sans toi

C'est juste un démon,

qui me rend fou.

Sin ti

Solo es un demonio que me vuelve loco.

Avec toi

Les papillons monarques sont partout.

Contigo

Las mariposas monarcas están por todo.

Sans toi

Je relis Pétrarque

au milieu des hiboux.

Sin ti

Vuelvo a leer Petrarca

en el medio de los mochuelos.

Avec toi

Je navigue dans la nébuleuse de Veil.

Contigo

Voy navegando por la nebulosa de Veil.

Sans toi

Je suis toujours patraque,

de la veille.

Sin ti

Todavía estoy con resaca

desde la víspera.

Avec toi

J'ai la lune
et j'ai le soleil.

Contigo

Tengo la luna y tengo el sol.

Sans toi

J'ai une face cachée,

et l'autre en sommeil.

Sin ti

Tengo una facha escondida

y la otra dormida.

Avec toi

L'univers est sans pareil.

Contigo

El universo es sin igual.

Sans toi

Ce n'est qu'une machine,

un appareil.

Sin ti

Solo es una máquina,

un aparato.

Avec toi

Je suis être

et je suis moi.

Contigo

Soy ser

y soy yo.

Sans toi

Je ne suis plus maître

de mes lois.

Sin ti

Ya no soy maestro de mis leyes.

Avec toi

Je veux être roi

C'est un si beau combat.

Contigo

Quiero ser rey

es un combate tan bello.

Sans toi

C'est une tour sans fenêtres,

un couloir aux oubliettes,

un linceul,

un trépas.

Sin ti

Es una torre sin ventanas

el corredor de los olvidos

una mortaja

un óbito.

Avec toi

J'invente de nouvelles lettres.

Contigo

Invento nuevas letras.

Sans toi

Elles n'existeraient pas.

Sin ti

No existirían.

Avec toi

J'explose tous les paramètres.

Contigo

Reviento todos los parámetros.

Sans toi

Je me plie

mais je ne romps pas.

Sin ti

Me doblo

Pero no me parto.

Avec toi

C'est le feu
et quelques dettes.

Contigo

Es el fuego
y unas deudas.

Sans toi

C'est un pieu,

et aussi les mêmes dettes.

Sin ti

Es una estaca

y también las mismas deudas

Avec toi

Je suis heureux même si

c'est bête.

Contigo

Estoy feliz, aunque parezca eso bobo

Sans toi

Je suis moins heureux,

mais je reste quand même,

en AMOUR

une Big Bête

Sin ti

Estoy menos feliz

pero no dejo de ser

En AMOR

Una Gran Bestia.

À bientôt...

L'Ecrivain du sud

Jean Pierre Garaic

Auteur, poète, écrivain

Les carnets bilingues

De Jean-Pierre Garaic

- Croire en l'Amour

Creer en el Amor

Français - Espagnol

- Mon Amour, avec et sans toi

Mi Amor, contigo y sin ti

Français - Espagnol

Autres titres du même auteur

- Les carnets du poète « Bienvenue chez moi »
- Les carnets du poète « Champagne »
- Les carnets du poète « Cour et raison »
- Les carnets du poète « Donne-moi la main »
- Les carnets du poète « Que perçois-tu ? »
- Les carnets du poète illustrés

L'Ecrivain du sud

Textes, titres, dessins, photos, illustrations.

Couverture. Mise en page, maquette.

© Jean-Pierre Garaic

Tous droits réservés

Toulon

Imprimerie Lulu Press, Inc.

3101, Hillsborough Street

Raleigh, NC 27607

United States

Garaic Editions

Maître Façonnier

83100 Toulon

France

Dépôt légal BNF Novembre 2017

IEAN   9791090647466

ISBN   979-10-90647-46-6

www.ingramcontent.com/pod-product-compliance
Lightning Source LLC
Chambersburg PA
CBHW070531100426
42743CB00010B/2043